Hans Mühlethaler

Die Wüstenwanderung
Aphorismen und absurde Geschichten

Hans Mühlethaler

# Die Wüstenwanderung

Aphorismen und absurde
Geschichten

Das Buch ist als Book on Demand mit der Digitaltechnologie hergestellt worden und kann über den klassischen Buchhandel und über die Internet-Buchhandlungen bezogen werden.

Bibliografische Information der Deutschen Bibliothek:

Die Deutsche Bibliothek verzeichnet diese Publikation in der Deutschen Nationalbibliografie; detaillierte bibliografische Daten sind im Internet abrufbar über:
http://dnb.d-nb.de

Umschlagillustration: Martin Müller-Reinhart
© 2013 Hans Mühlethaler
Herstellung und Verlag:
BoD - Books on Demand, Norderstedt
ISBN 9783732244508

Inhaltsverzeichnis

| | |
|---|---|
| Er trat auf die Bühne | 7 |
| Dein Leben voll verlorener Schlachten | 21 |
| Ich habe mir einen Arzt erkoren | 34 |
| Eine Spur im Wüstensand | 44 |
| Nachwort | 51 |

Er trat auf die Bühne

Er trat auf die Bühne, bis dicht an die Rampe, und da er bemerkte, dass kein Mensch im Saal war, verbeugte er sich. Da fingen wir wie unsinnig zu klatschen an.
Er aber sprach, als hätten wir ihn nicht verstanden: Könnet ihr nicht eine Stunde mit mir wachen?
Wir verstummten, denn es war niemand da, der mit ihm hätte wachen können. Wir waren alle damit beschäftigt, nicht da zu sein. Als er das bemerkte, verbeugte er sich nochmals.


Wüste, das Land ohne Obdach. Wir Wüstenwanderer sind die Schutzlosen, der Hitze preisgegeben, die uns wahnsinnig macht.
In der Wüste kann man nicht arbeiten, in der Wüste kann man nur leben: die äußerste Möglichkeit menschlichen Tuns.
In der Wüste gibt es keinen Sieg, nur Niederlagen. Keiner kommt davon. Denn die Wüste wächst mit jedem Schritt, den du in die Wüste tust. Die Wüste wächst auch in dir: In der Wüste ist alles wüst.


Der Wüstenwanderer lässt sich durch keine Arbeit ablenken von dem, was er tun muss.
Er muss nichts tun.


Menschen ohne Schatten sah ich am Rand der Wüste stehen. Sie drehten den Kopf, als sie merkten, dass ich mich ihnen näherte, und sagten:
Wo ist die Wüste?

Warum fragt ihr mich? erwiderte ich. Ich bin noch nie in der Wüste gewesen.


Hast du sie gesehen, die Menschen ohne Schatten?
Ich sah sie, als die Sonne schien, und sie gingen herum und vermochten nicht Schatten zu werfen: Es waren Menschen ohne Schatten. Jeder Baum hat einen Schatten und jedes Haus und jedes Ding, das du an die Sonne stellst, aber Menschen gibt es, die keinen Schatten haben. Hast du sie gesehen?
Es waren Menschen ohne Tod. Menschen, die nicht zu Grunde gehen können: Menschen ohne Grund. Menschen, die nicht auferstehen können: Menschen ohne Zeit. Menschen, die nicht lieben können: Menschen ohne Dunkelheit. Menschen, die nicht hassen können: Menschen ohne Entscheidung. Menschen, die die Freiheit nicht kennen, Menschen, die den Gehorsam nicht achten, Menschen, die Gott nicht leugnen, Menschen, die Gott nicht vertrauen. Menschen ohne Schatten.
Hast du sie gesehen?


Das höllische Feuer: Gottes Reinheit. Denn Unreines kann vor Gott nicht bestehen. Was vor Gott besteht, verdirbt.


An unsern Grenzen ist alles ins höllische Feuer getaucht.
Die Feuersäule – ein Fingerzeig Gottes in der Wüste.
Das Feuer weist immer auf Gott, auf den großen Reiniger.

Wir haben unsere Schuhe ausgezogen, und die Kleider haben wir abgelegt. Wir wickeln uns in weiße Tücher, Tücher aus reinem Leinenstoff. Wir haben die Arbeit aufgegeben und die Sorge um das tägliche Brot von uns gestreift, denn ob wir morgen noch leben, berührt uns nicht, es gibt wichtigere Dinge. Es ist beispielsweise wichtiger, dass unsere Kleider weiß bleiben, diese Tücher aus reinem Leinenstoff. Deshalb lieben wir die Trockenheit, wir lieben den sandigen Boden, den kahlen Felsen, die verdorrten Pflanzen, die tiefen Brunnen der Wüste.

Wir hatten unser Gepäck leicht gemacht und führten nur wenig mit, auch die größte Last, uns selbst, hatten wir abgelegt: Wichtiger war uns das Wasser, denn in der Wüste gibt es kein Wasser, nur Sand, Salz, Hitze. Die Wasserschläuche waren unsere einzige Hoffnung, obschon wir wussten, dass sie leer waren. Genau genommen war unsere einzige Hoffnung die, dass unser Wissen eine Täuschung sei.

Da wir in die Wüste zogen, verloren wir alles, denn auch die Wüste ist nicht unser. Aber damit, dass wir alles verloren, gewannen wir die Armut.
Wir sind reich an Armut.

Das Nachtmahl: Mahl des Aufbruchs zur Wüstenwanderung. Deshalb gehört zum Nachtmahl das Umgürtet-Sein und die Bereitschaft, alles zu verlassen.
Wir verlassen die Fleischtöpfe Ägyptens. Nichts mitzunehmen, alles zu verbrennen, was übrig bleibt, nur das ist echte Bereitschaft zum Aufbruch.

Für die Wüstenwanderung duldet Gott keine Vorräte, weil es sonst keine Wüstenwanderung wäre. Für die Wüstenwanderung stärkt uns Gott mit seinem Mahl, dass es uns leicht wird, Abschied zu nehmen, leicht, ihm das Brandopfer zu geben, das er von uns gefordert hat.

Wir haben gesehen, was es braucht, um zu leben. Zum Leben braucht es nicht Wasser und nicht Brot, keine Kleidung und kein Haus. Zum Leben braucht es nur – das Leben.

Die Fleischtöpfe Ägyptens: Inbegriff der menschlichen Sehnsucht nach Behaglichkeit, gefülltem Bauch und nach den Süßigkeiten der Gefangenschaft. Denn mit gefülltem Bauch sind wir immer gefangen.
Deshalb heißt unsere Sehnsucht: Wüstenwanderung.

Wir haben keinen Beruf mehr. Die Zeit der Berufe ist vorbei. Es gibt für uns nur noch eine Aufgabe: Schakale zu füttern. Aber wir haben nichts, womit wir sie füttern könnten. Deshalb füttern wir sie mit Versprechen. Schakale müssen hungern. Aber je mehr sie hungern, desto größer die Gefahr für uns. Und was könnten wir ihnen anderes versprechen als unsere Leichen, da wir sonst nichts mehr haben?
Schakale heulen in der Nacht. Schakale, die auf unsere Leichen lauern. Schakale folgen unserem Wüstenzug.

Aus Gottes Quelle fließt bitteres Wasser. Der Wüstenwanderer muss lernen, aus Gottes Quelle Wasser zu trinken. Das ist die erste Station seiner Reise. Das Wasser aus Gottes Quelle ist ungenießbar für den, der von den Fleischtöpfen Ägyptens herkommt. Aber Gott lässt ein Holz wachsen, sein bitteres Wasser genießbar zu machen. Der Wüstenwanderer muss Gottes Holz kennen, muss wissen, was Gott zu seiner Rettung hat wachsen lassen.

Der Wüstenwanderer nimmt kein Buch mit, auch nicht das Buch der Bücher.

Es nützte nichts, ihn zu warnen. Er nahm alles mit sich. Und da brach er unter seinen Lasten zusammen. Wir aber, die wir auf alles verzichtet hatten, mussten nur die eine Last tragen: den Verzicht.

Das Volk braucht einen Führer, der aus dem Felsen Wasser schlagen kann.
Der rechte Führer befiehlt nicht. Der rechte Führer wirkt Wunder. Der rechte Führer schlägt Wasser aus dem Felsen Gott.

Gottes Führung ist die Verheißung des gelobten Landes. Viele müssen sterben, nur wenige sehen das gelobte Land. Du, mein Wüstenkind, wirst es sehen, weil die Wüste deine Heimat ist.

Im Kampf um das gelobte Land verlieren wir es.

Verlieren und Vergessen, die Gnade des Anfangs, Schöpfung, Reichtum des Nichts. Alles zerfällt. Nur Wüstenreiche haben Bestand.

In der Wüste kann man nichts pflanzen. In der Wüste wächst alles von selbst, wenn Gott regnen lässt. Aber Gott hat noch nicht regnen lassen. Wann wird er regnen lassen? – Wenn alles verdorrt ist. Wenn alle Wurzeln abgestorben sind. Wenn alle Menschen verdurstet sind, die die Brunnen der Wüste nicht kennen.

Die Menschen bleiben hinter jedem Du zurück, als Mensch zerstört, als Du zum Gott geworden. Der Mensch darf Ausgangspunkt zum Werden Gottes sein. Wo Liebe ist, da wird ein Gott geboren. Jeder Gott ist anfangs nur ein Mensch.
Wir dürfen Menschen sein! Dieses Vorrecht leben wir, und um seinetwillen sterben wir, müde geworden von so viel Freude und Lust, alles, was es gibt, empfangen zu haben.

Gott hat dich dir zum Geschenk gemacht und dich zweigeteilt als das Geschenk und der Empfangende. Wenn du dich als Gottes Geschenk zu bewahren vermagst, wirst du dein ganzes Leben ein Empfangender sein: ein immer wieder neu von deinem Gott Beschenkter.

Zu denken, dass das alles nicht hätte gewesen sein können, und dass es an einem dünnen Fädchen hing, dass es war, und dass er allein, der dieses Fädchen hätte durchschneiden können, es nicht durchschnitten hatte: Das alles zu denken und dankbar zu sein.


Da du nicht reden konntest, hast du mir alles gesagt.
Alles: immer das eine, jedes Mal neu.
Wir dürfen nicht stehen bleiben: Die Löwen brüllen in der Nacht.
Die Nacht gehört den Löwen.


Wir stellen uns das immer zu leicht vor, aber es geht nicht ohne die Plagen. Lass mein Volk, dass es mir diene: In diesem Aufruf sind alle Plagen versiegelt.
Denn der Mensch wehrt sich gegen den Dienst an Gott.
Auch unsere Zeit kennt Plagen, unendlich viele, unnennbare: Jeder fühlt sich geplagt von dem, was dem andern nützt, und was jedem nützt, plagt uns am meisten.


In allem so unsicher zu sein, ist der Fluch des Wüstenwanderers. Er kennt keinen Weg, der ans Ziel führt. Er kennt auch kein Ziel. Er kann niemanden überzeugen. Er hat in allem, was er tut, Unrecht. Er muss jeden Tag von vorne beginnen, kann nichts lernen, weil nichts Bestand hat, kann sich auch nicht vorsehen, weil er nicht weiß, was kommen wird. Er kann sich auf nichts berufen, er hat keine Zeugen, keine Unterstützung, keine Anhängerschaft. Niemand kennt ihn, niemand kennt seine Wüste, auch er kennt sie nicht. Seine Wüste ist die Unsicherheit dessen, dass alles, was er kennt, nicht ist: nur ist, was er nicht kennt.

Ist es nicht seltsam, solche Erinnerungen zu haben? Dass wir durchs Schilfmeer wateten, und viele, die unter den schweren Lasten wankten, fielen ins Wasser und ertranken, denn die Straße war schmal.
Als wir auf der andern Seite angekommen waren, merkten wir: Es war kein Wasser im Schilfmeer gewesen, alles beruhte auf einer Täuschung. Wir wollten zurückeilen und es den Ertrinkenden melden, damit sie nicht ertrinken mussten. Aber es war zu spät. Wir konnten uns lange sagen: Hätten wir das früher gewusst! Die Besonderheit dieser Situation lag gerade darin, dass wir es nicht früher hatten wissen können.


Er ist weit gereist. Er hat die Wüste gesehen und ihre Bewohner, er hat sie bestaunt und sich für ihre Schönheit begeistert. Aber uns hat er nicht gesehen, uns, die Wüstenwanderer, die wir zu Hause bleibend die Wüstenwanderung wagten. Denn die Wüste beginnt schon an unseren Türen. Alles da drinnen ist Wüste. Die Wüste beginnt schon mit uns, und wer mit uns beginnt, beginnt mit der Wüste.


Viele Völker wanderten durch die Wüste. Aber dieses Volk ist zum Wandern viel zu bequem. Viel lieber ergötzt es sich an den Büchern, die er über die Wüste schreibt, als handelte es sich um einen Park mit exotischen Pflanzen, Tieren, Menschen.
Er hat auf seinen Reisen viele seltsame Dinge gesammelt. Wir aber bleiben zu Hause und machen die Wüstenwanderung mit. Denn dies ist uns das seltsamste Ding: die Wüste als unser Zuhause.

Wir sind Grenzbewohner. Mit jedem Schritt treiben wir unser Reich vor uns her. Ein Reich, das nur an den Grenzen sichtbar wird.
Die Grenze: unsere Sichtbarkeit, der Saum unseres Kleides, der den Raum erfüllt. Das, was wir eigentlich sind, bleibt hinter der Grenze verborgen. Denn es ist nichts: die Wüste, dünn besät mit Gottes Geschöpfen. Löwen, Schlangen, Schakalen, durstenden Bäumen, verdorrtem Gras, das nur noch in den Wurzeln lebt. Und das Grabmal dessen, der uns suchte: ein winddurchlöcherter Stein. Nichts Eigenes, alles entlehnt. Nur die Hitze, die wir stampfend aus unserer Mitte verdrängen, die alles, was uns berührt, verwandelt, verbrennt.


Es hängt alles davon ab, die Grenzen nicht zu übertreten. Trotzdem darfst du nicht zu ängstlich sein. Auch Gott ist nicht ängstlich mit dir. Jeder Kuckucksruf geht schon zu weit, geht über die Grenze hinaus, aber was tut's? Wir müssen dieses Zuweit wagen, um darin zu Grunde zu gehen. Deshalb gibt es nichts Besseres als den Tod, und wenn du Gott danken willst, so danke ihm, dass du sterben darfst.


Der sterbende Gott hat uns das Leben leben gelehrt. Danke ihm für allen Reichtum, den er dir gab, denn dass du reich sein durftest, macht deinen Tod so wertvoll.


Wichtig sind nur die Berührungspunkte: das Gemeinsame unseres Lebens. Dazwischen bist du allein. Und trägst den Stab weiter. Das Ganze ist nur in den Berührungspunkten ganz.

Wir dürfen nicht stehen bleiben. Die Löwen brüllen in der Nacht.

In der Wüste nimmt uns Gott alles weg, was wir ihm opfern könnten. Was können wir ihm jetzt noch opfern? – Uns selbst. Und wenn ihm auch dieses Opfer zu gering wäre?
Opfern kann nur der, der weiß, was er empfangen hat. Opfern ist nur sinnvoll, wenn es aus der Erkenntnis geschieht: Es ist mir gegeben worden.

Du sollst dir kein Bildnis noch irgendein Gleichnis machen. Indem er dies sagte, hat er uns in die Wüste geschickt.
Die Wüste beginnt dort, wo man Gott als „Geist" bestimmt. In dieser Bestimmung verliert sich sein Bild. Das ist der Anfang der Wüstenwanderung. Und deshalb ist die Wüstenwanderung nichts anderes als die Suche nach dem, der uns am Anfang verloren ging.
Alles, was uns gegeben ward, ging uns am Anfang verloren.
Weil Gott nur in den Geschichten vorkommt, so auch in meinen Geschichten. Es gibt keine Geschichten ohne Gott. Immer kennt man Gott nur aus den Geschichten, vom Hörensagen. Auch wer Geschichten schreibt, kann Gott nur aus den Geschichten kennen: Geschichten hörend, die Gott sagen.
Niemand hat bis jetzt seine Wirkung abgestritten, nur seine Wirklichkeit stritten sie ab. Wenn aber seine Wir-

kung seine Wirklichkeit wäre, und seine Wirklichkeit – er selbst?

Wer von Gott redet, muss ein Dichter sein, denn Gott ist Dichtung. Gott kann nie Gott sein, Gott kann sich immer nur gleichen. Glauben heißt: den Gott dichten, der im Gleichnis sich gleicht. Gott ist als der Sich-Gleichende nur im Gleichnis wirksam, aber im Gleichnis i s t er – wirksam.

Unglaube zeigt sich in jeder menschlichen Einrichtung zur Förderung des Geistigen. Deshalb, weil sich das Geistige durchsetzt gegen jeden Unglauben, setzt es sich auch durch gegen jede Einrichtung zu seiner Förderung.

So viele Menschen ihn begleiteten, so viele Missverständnisse waren mit ihm. Denn jeder trug von ihm ein anderes Missverständnis mit sich, und die ihn am besten zu verstehen glaubten, hatten das größte zu tragen. Da er aber in die Wüste ging, um sich von all diesen Missverständnissen zu lösen, wurden sie ihm lieb, und er merkte, dass jeder von ihnen sein Missverständnis nicht bloß als eine ablegbare oder gar verwechselbare Last trug, sondern als Mensch selbst dieses Missverständnis war, gleich wie auch er, als Gott ein Mensch geworden, das größte Missverständnis sein musste.

Du fragst mich, ob es Gespenster gebe. Gespenster gibt es nur, wenn man daran glaubt. Aber wenn man daran glaubt, gibt es Gespenster.

Hierbei erkennst du die Macht des Glaubens: Schöpfung durch das Wort. Auch die Welt gibt es nur, wenn man daran glaubt. Die Welt: ein Gespenst, an das man glauben muss.


Da er sagte, es gibt keinen Gott, glaubte er mir nahe zu sein, denn solches hatte er von mir auch schon gehört.
Da er sagte, es gibt einen Gott, glaubte er mir nahe zu sein, denn solches hatte er von mir auch schon gehört.
Da er sagte, wir wissen nicht, ob es einen Gott gibt oder nicht, und können es nicht wissen, glaubte er mir nahe zu sein, denn solches hatte er von mir auch schon gehört.
Diese drei streckten die Köpfe zusammen und glaubten mir nahe zu sein. Ich aber flüchtete mich vor ihrem verblödeten Blinzeln in die Wüste: Da waren sie alle gleich fern von mir.


Unser Gott ist ein verzehrend Feuer: Mit allem, was er verzehrt, mit Mensch, Tier, Pflanze, Welt, verzehrt er auch sich selbst, um der Reinheit willen, weil alles Seiende unrein ist, rein nur das Nichts. Gott kann nur Gott sein, indem er sich selbst verzehrt: Gott ist auf dem Weg zum Nichts. Ein flackerndes Licht, dessen Widerschein auf unserem Antlitz aufleuchtet, wenn wir uns ihm entgegenstellen. Gott ist die Sonne mit Aufstieg und Untergang in sich selbst verzehrender Hitze und sich selbst auflösendem Licht. Gott liebt all seine Geschöpfe nur um der Zerstörung willen und hat sie so schön gemacht, weil die Schönheit selbst den Schauer der Zerstörung in sich trägt. Gott lässt uns walten und Werke errichten, und muss doch alles zur Wüste werden, denn vor Gott hat nichts Bestand außer der Wüste: der Ort, wo Gott als das verzehrende Feuer wirkt.

Wer von Gott redet, muss in Gleichnissen reden, denn Gott ist Gleichnis.

Dass sich der Geist immer wieder durchsetzt – anderes kann uns der Name "Gott" nicht bedeuten.

Jede menschliche Einrichtung ist mit dem Fluch der Gottheit belastet, weil es eine menschliche Einrichtung ist.
Jede menschliche Einrichtung ist gegen Gott gerichtet, weil sie Gott verdrängt. Wo Gott verdrängt wird, bleibt das Unmenschliche zurück. Jede menschliche Einrichtung wird unmenschlich, weil mit ihr Gott verdrängt wird.

Die größte Gnade Gottes ist die, dass er sich als der gemeinsame Gott einer ganzen Epoche hingibt. Wenn dies geschieht, entstehen griechische Tempel und gotische Kathedralen als Zeichen der erstrittenen Ankunft im gelobten Land.

In der Wissenschaft weißt du, was du zu tun hast, sie gibt dir Arbeit auf. Nicht so die Wüste. In der Wüste gibt es nichts zu tun, alles ist sinnlos, alles vom Sande verweht.
Wissenschaft ist Flucht vor der Wüste, Bewässerung, Städte, die entstehen und Ziele vortäuschen, die Wüste

hinter Fassaden versteckt. Wissenschaft ist Fassade, hinter der sich die Wüste versteckt: Man muss durch die Wissenschaft hindurchgehen. Man muss sich diesen Durchgang erzwingen: Barrikaden der Begriffe, Axiome, absolute Werte, gesunder Menschenverstand. Der Wüstenwanderer, ein Zerstörer, Gewalt in der Entsagung, die Wüste verborgen in uns: Das Weltall ist leer.

Dein Leben voll verlorener Schlachten

Dein Leben voll verlorener Schlachten, ein Rückzug auf dich selbst. Dass du dich immer wieder vorantreibst, deine Grenzen zu erkennen. Am Nichtgelingen ermisst sich deine Grenze.
Das ist deine Frömmigkeit, und deshalb sind dir die Erzieher nicht fromm genug: Sie nehmen die Niederlagen nicht ernst, sie wollen die Grenzen nicht kennen. Erziehen: Verwischen der Grenzen, Wüste nicht Wüste sein lassen, keine Duldung, kein Rang, alles nach oben strebend, niemand unten bleibend. Leben ohne Tiefe kann kein hohes Leben sein.


Da wir nun schon einmal angefangen haben, von einem Sinn zu reden, müssen wir sagen: Alles ist sinnlos – und haben Unrecht. Aber uns fehlt die Möglichkeit, darüber etwas Sinnvolleres zu sagen.


Gott nimmt uns alles, damit wir erkennen, dass er uns alles gegeben hat.
Wenn er uns alles nimmt, gibt er uns die Wüste.


Du hast dich nicht zu kümmern, ob das Verderben dich erreicht oder nicht: Es ist in beiden Fällen das, was du brauchst. Denn nur das, was du brauchst, wird dich erreichen.


Die Zeit zerstört. Die Wüste ist zeitlos: Hier gibt es nichts zu zerstören.

Die Zeit der Wüste: Wüstenwanderung.


Man muss anfangen, als ob noch nichts gewesen wäre, denn es ist schon alles gewesen.
Alles ist, bevor es gewesen ist, und bevor es gewesen ist, ist alles.
Aller Anfang ist der, der gewesen ist. Alles fängt an, gewesen zu sein. Am Anfang ist alles gewesen.
Das Gewesene ist, weil es gewesen ist. Das Gewesene ist, weil es gewesen ist, das Gewesene.
Alles ist schon gewesen, auch das, dass man anfängt, als ob noch nichts gewesen wäre.
Es ist noch nichts gewesen.
Alles ist Anfang. Der Anfang ist.


Dass man das, was geschieht, nicht gut macht, sondern geschehen lässt. Denn so es geschieht, ist es gut, und so es gemacht wird, ist es schlecht. Nichts kann man gut machen, es sei denn zuvor schon geschehen. Das Geschehen allein macht gut.
Gut heißt immer: geschehen.


Du musst in allen Dingen bis zu Gott vorstoßen. Gott ist das Äußerste: dein Gegenhalt in der Zurückgebundenheit. Gott ist die Grenze der Welt: als solche immer noch Du. Gott ist durch dich dein Schöpfer. Wenn du bist, ist Gott. Als Äußerstes zum Innersten gewendet: Gott erfahren, innerlich sein.


Man kann nur dann von Errungenschaft sprechen, wenn man nicht weiß, dass der Mensch schon am Anfang das Wichtigste hatte: Er war schon am Anfang ein Mensch.

Wenn du wissen willst, was am Anfang geschehen ist, so lies die Geschichte vom Sündenfall. Am Anfang ging uns alles verloren. Kannst du dir das vorstellen? Eine Sache beginnt damit zu sein, dass sie verloren geht. Das Paradies war nicht, ehe es uns verloren ging, ebenso die Unschuld, ebenso Gott.

Alle Menschen haben von Gott immer nur in den Geschichten gehört. Die Törichten glaubten daraus die Folge ziehen zu müssen, dass er in Wirklichkeit nicht sei. Und kann doch nur verloren gehen, was ist. Anders ist Gott nicht zu beweisen. Anders ist Gott gar nicht, als indem er verloren geht. Aber indem er verloren geht, ist er.

Dass alles, wenn es erscheint, die Frage mit sich bringt, warum es gerade jetzt erscheine. Auf diese Frage zu achten und keine Antwort zu suchen, das ist unsere Frömmigkeit.

Jede Niederlage bindet uns ans Erdreich zurück. Wer Niederlagen erleidet, wird das Erdreich besitzen. Aber Niederlagen darfst du nicht suchen. Eine Niederlage ist es schon, dass du Mensch bist.

Dein Amt: die Last, die du durch die Wüste trägst, die Tücher und Hölzer zur Wohnung Gottes. Es ist sinnlos, was du tust, ohne Gefährten, ohne ein Volk, das dir folgt. Deine Last ist ein Bruchstück, nie wird eine Wohnung daraus. Du trägst sie und weißt nicht wozu und wohin. Es müsste ein Zufall sein, wenn dich ein Zweiter, ein Dritter träfe und eure Bruchstücke sich ineinanderfügten.

Du trägst fremdes Gut: Darüber hast du nicht zu bestimmen. Du hast nicht zu fragen, wohin und wozu, und hast nicht nach der Sinnlosigkeit deines Tragens zu forschen. Du hast zu tun, was dein Amt ist: die Bruchstücke zur Wohnung Gottes durch die Wüste zu tragen, zu einer Wohnung, die niemals vollendet sein wird.


Wenn die menschlichen Einrichtungen vollkommen sind, kommen wir ohne Gott aus. Deshalb hasst Gott die Vollkommenheit menschlicher Einrichtungen. Vollkommenheit duldet er nur am Einzelnen: Gottseligkeit. Jede menschliche Einrichtung, durch die die Vollkommenheit der Menschheit erstrebt wird, zerstört er.

Vollkommenheit bedeutet in Gottes Augen etwas ganz anderes: dass die Zeit erfüllet wird.

Vollkommenheit Gottes: Jüngstes Gericht.


Dass Gott uns nichts mehr schuldig ist, weil er uns alles gegeben hat. Dass er uns nur noch schuldig ist, alles zu nehmen. Gottes Schuld ist, dass er uns zu viel gegeben hat, und seine Ohnmacht, uns nichts nehmen zu können, oder er nehme uns alles.


Die Mauern fallen, wenn Gottes Posaune ertönt. Gottes Gewalt: die Gewaltlosigkeit.

Vielleicht haben wir Gott zu mächtig gedacht, da wir sagten, er sei der Schöpfer. Ist nicht auch er nur ein Geschöpf? –

Dein Gott ist ein einsamer Gott, so bist auch du einsam. Niemand will deinem Gott dienen, du musst alles allein tun. Deshalb ist dein Dienst an Gott so schwer. Tag und Nacht fordert er von dir all deine Gedanken, und jede Arbeit, die du verrichtest, ist sinnlos, sie sei denn ein Opfer für ihn.

Es schmerzt dich zu sehen, wie andere mit deinem Gott vertraulich umgehen. Es schmerzt dich die Erkenntnis, dass der Gott der andern nicht dein Gott ist.

Alles Große ist dem Leiden abgerungen: der Tod am Kreuz.
Er leidet am Volk, deshalb hat er dem Volk die Gebote gegeben. Er leidet am Volk, deshalb hat er die Gebote zertrümmert. Wer am Volk leidet, muss Gebote geben. Wer Gebote gibt, muss sie zertrümmern, weil er am Volk leidet. Ein Volk, das auserwählt ist, dass er an ihm leidet.

Gnade gibt es nur, wo es Gericht gibt. Wollen wir Gnade, so müssen wir auch das Gericht wollen.
Das Gericht war gnädig mit ihm: Es verurteilte ihn zum Tode. Das Todesurteil ist die größte Gnade, die ein Gericht vergeben kann. Das wahre Gericht sucht den Schuldigen nicht. Es wartet auf ihn.

Der Schuldige erscheint vor dem Gericht, weil er seine Verantwortung kennt.
Wer seine Verantwortung kennt, ist schuldig.


Gottes Volk: das Volk, das Gott hasste, als er kam.
Gottes Volk: das Volk, das Gott erwartet, dass er komme.
Gottes Volk: das Volk, das Gott nie haben, das ihn immer nur erwarten kann, das ihn töten muss, wenn er kommt, um ihn erwarten zu können.


Wer durch die Wüste wandert, wird in seinem Tod das gelobte Land schauen.
Das gelobte Land gibt es nur, solange wir in der Wüste wandern. Wir wandern in der Wüste, damit es das gelobte Land gibt. Wir Wüstenwanderer dürsten nach dem gelobten Land.


Jedes Mal, wenn jemand gestorben ist, weine ich Freudentränen, dass jemand gestorben ist.
Ich bin ein Totenvogel. Mein dumpfer Laut dringt durch die Wälder. Wenn ich schreie, erschrecken die Menschen, die sich vor dem Tod fürchten. Der Mensch lebt, dass er sterben kann, wie alles stirbt, was natürlich ist, damit es natürlich werde.


Wenn es dir schlecht geht, geht es dir gut. Wenn Gott dir helfen will, hilft er dir ganz. Sein Werk an dir ist Kahlschlag: dass von dir nichts übrig bleibt.
Wenn er sein neues Reis will aufgehen lassen, bist du ihm immer noch eine Elle zu hoch.

Was Gott nicht gewusst hat, dass, als er den ersten Menschen in die Welt setzte, er sich selbst aus der Welt verdrängte.

Dass es so menschlich klingt, dein Donnern, sagt mir, dass es uns gehört. Ich hörte auf der Straße viele Geräusche von Menschen, die nicht menschlich klangen. Deshalb floh ich die Straße.

Jedesmal, wenn es donnert, ist das Schlimmste überstanden, und ein Zeichen, dass wir leben, und wir wissen: Es könnte anders sein. Dafür hast du uns die Angst gegeben. Die Angst vor dem Anders-Sein-Können.

Im Traum geht alles so leicht: ein Schneekristall, das vor deinen Augen vorüberschwimmt, und du weißt, dass du sterben musst.
Alles unfertig, alles ein Traum: Fertig macht nur der Tod, der nie fertig sein wird, alles fertig zu machen.

Es war ein Schwarzpeterspiel, und wer den Schwarzen Peter hatte, musste sterben. Sie erklärte uns, worum es ging, und dann fragte sie: Wollen Sie alle drei mithelfen? – Vielleicht, wenn es um etwas weniger Wichtiges gegangen wäre, hätte ich mir erlaubt, nein zu sagen. Aber es ging um das Leben. Man muss immer mitmachen, wenn es um das Leben geht. Denn wer da nicht mitmacht, hat zum Voraus verloren.
Wir spielten ein abgekartetes Spiel. Ich merkte schon beim Austeilen, dass die andern zwei sich verständigt

hatten, mich zu betrügen. Sie kannten die Karte. Ich konnte sie ihnen anbieten, wo ich wollte, links, rechts, in der Mitte: Immer griffen sie daneben. Es fragte sich nur, ob das Betrug war, wenn man die Karte kannte, ob sie verpflichtet waren, die Karte zu nehmen, trotzdem sie sie kannten, ob es nicht meine Schuld war, sie nicht zu kennen, ob ich nicht aus Unkenntnis dieses Spiel verlieren musste.
So spielten wir bis zum Ende. Alle andern Karten hatte ich ablegen können, nur diese eine nicht: den Schwarzen Peter. Sie schaute mich an, und wir verständigten uns mit den Augen über das, was geschehen war. Die beiden anderen Mitspieler wagten nicht aufzublicken.
Sie sind betrogen worden, sagte sie zu mir. Sie brauchen das Spiel nicht anzuerkennen. Aber das, was folgen wird, können Sie nicht ändern. Der Ausgang des Spiels ist kein Spiel mehr. Wir werden Sie töten.
Ist mir noch eine Frage gestattet? fragte ich, durch den feierlichen Ton ihrer Rede zur Höflichkeit verführt. Warum, wenn der Ausgang des Spiels von Anfang an feststand, warum hatte denn überhaupt gespielt werden müssen?
Weil ich an diesem Spiel Freude habe, sagte sie kurz und bestimmt, und gab den beiden Mitspielern das Zeichen, mich wegzuführen.
An einem Spiel, das so endet, haben Sie Freude? schrie ich zurück.
Sie nickte ganz heftig: Nur weil es so endet, habe ich Freude.


Dieser Zug fährt nie ab. Trotzdem steigen die Leute immer wieder ein, denn sie denken, er könnte doch einmal abfahren. Alles ist zu seiner Abfahrt hergerichtet: Die Weichen sind gestellt, das Signal ist offen, die

Glocke läutet, der Stationsbeamte winkt. Vielleicht fährt er jetzt endlich?

Und da drängen sich wiederum Reisende hinzu. Sie wissen nicht, dass die Weichen schon immer gestellt und das Signal schon immer offen gewesen ist, der Stationsbeamte schon immer gewinkt und die Glocke schon immer geläutet hat.

Vorne sind bereits unzählige Wagen geschlossen. – Sie sind mit Menschen angefüllt, erklärt der Schaffner. Die Storen sind heruntergezogen, kein Laut dringt heraus.

Hat noch niemand den Zug verlassen, da er doch nicht fährt? fragt einer der Reisenden, der sehr neugierig ist. – Nein, seufzt der Schaffner. Sie bleiben hier, sie warten, sie verhungern. Würde ihn jemand verlassen, dann könnte der Zug endlich fahren. Das wäre für den, der ihn verließe, ein großes Unglück, denn dieser Zug fährt nur einmal, und dann ist er für immer gefahren. Deshalb will sich niemand aufopfern. Sie bleiben auf ihren Bänken sitzen und reden davon, dass sich jemand aufopfern müsste, und wenn sie sich müde geredet haben, sterben sie. Dann ziehe ich die Vorhänge und schließe den Wagen.

Der Schaffner weist mit der Hand nach hinten und sagt, als wolle er seine Zuhörer trösten: Es sind ja noch viele Wagen leer.


Tote Menschen sollst du nicht anrühren, denn sie sind unrein. Aber wie? Wir leben ja inmitten von Toten, und nur durch die Berührung der Toten merken wir, dass wir noch leben.


O Tod, du gelobtes Land. O dass unser Tod ein gelobtes Land wäre! Unser ganzes Leben ging nach diesem

Ziele, und um dieses Zieles willen war uns unser Leben so lieb.

Der Tod: das einzige Ziel, das du erreichen kannst. Wehe dem Menschen, dem der Tod nicht Ziel seines Lebens ist! Er tut viel unnütze Schritte hin und zurück – und ist am Ende doch alles nur Täuschung gewesen. Uns aber ist kein Schritt unnütz: jeder bringt uns näher zum Ziel.

Du kommst? fragte sie.
Ja, ich komme. Ich wusste nicht, dass du da bist, sagte ich.
Aber du weißt doch, hier ist mein Grab?
Ja, das weiß ich. Deshalb dachte ich, du seist tot.
Möchtest du, dass ich tot wäre? fragte sie. Ja, sagte ich. Ich zog die Blumen aus der lockeren Erde und büschelte sie. Und als wir an den Fluss kamen, warf ich sie hinein. Es waren gelbe Blumen.

Eine Promenade dem Fluss entlang. Ich blieb ein wenig stehen. Eine Frau ging an mir vorüber, schob einen Kinderwagen vor sich her. Das Kind schlief. Ich achtete ihrer nicht weiter. Als ich sie später einholte, war sie ohne Wagen. Ich erschrak. Es gab keine andere Möglichkeit. Es musste alles ganz lautlos geschehen sein, in einem Moment, da ich nicht hingeschaut hatte. Das Kind hatte geschlafen. Und der Fluss war so nah, das Ufer so steil, die Wellen so reißend. –
Sie saß jetzt auf einer Bank und schien auf mich zu warten. Ich hielt an, wagte nicht näher zu treten. Sie winkte mich herbei, wollte mir etwas erklären.

Ich habe es wegen dir getan, sagte sie.
Es war nicht mein Kind, wehrte ich ab. Wie können Sie mich beschuldigen?
Darum, weil es nicht dein Kind war, habe ich es getan, sagte sie.
Als ich ihr den Rücken zuwandte, sprang sie ihm nach.
Da merkte ich, dass es mein Kind gewesen war.


Ein fester Griff auf seine Faust, die das Messer umklammerte, aber schon hatte er die Klinge gegen meine Hand gewendet und schnitt mir in die Handhöhle. Es blutete, und das Blut floss auf den Schnee, wo es rote Flecken verursachte.
Das muss ihn daran erinnert haben, dass er ein Mörder war. Er ließ das Messer fallen und eilte davon. Ich hatte plötzlich das Gefühl, dass der Schnee an allem schuld sei. Die Leere, die große Unzufriedenheit, die in mir war und die auch in ihm sein musste, wies darauf hin, dass wir beide versagt hatten und beide ganz von vorn hätten beginnen müssen: er als mein Mörder, ich als sein Opfer. Wir mussten nun warten, bis der Schnee geschmolzen war und keine Blutflecken uns erschrecken und an die sonderbaren Rollen erinnern konnten, die uns vom Leben zugedacht waren.

Du suchst ein Mittel gegen deine Krankheit? – Das beste Mittel gegen jede Krankheit ist der Tod. Das beste Mittel gegen jede Krankheit hast du in dir.
Warum suchst du noch?


Der schönste Tod ist der Tod durch das Gift. Deshalb muss man die giftigsten Kräutlein kennen. Wir Kräutersucher, wir suchen die heilsamsten Pflanzen, den schönsten Tod, den Tod durch das Gift.


Er starb, und man versuchte festzustellen, welches die Todesursache war.
Es kamen berühmte Ärzte, und sie nannten mancherlei Namen, womit sie uns seinen Tod zu erklären versuchten, aber wir verstanden ihre Namen nicht.
Allmählich merkten wir, dass sie nicht die Todesursache feststellten, sondern nur die Namen erklärten, womit sie die Todesursache bezeichnet hatten.
Er starb, und man versuchte vergebens festzustellen, welches die Todesursache war. Die Todesursache war der Tod.


Die eigentliche Beschränkung des Menschen ist die, dass er sich das Leben nur selbst nehmen, nicht aber selbst geben kann.


Da der Mensch seine Sterblichkeit erkannte, dichtete er sich die unsterblichen Götter, um an ihnen seine Sterblichkeit zu erkennen.
In der Unsterblichkeit der Götter nahm seine Sterblichkeit Gestalt an. In der Unsterblichkeit der Götter wurde er sterblich.


Zu rufen wie der tolle Mensch: Du bist gekommen, uns zu verderben – ich weiß, wer du bist.
Als Erkenntnis, die toll machen kann, das Einzige, was ich von ihm weiß: Du bist gekommen, uns zu verderben. Ich weiß, wer du bist: der Verderber. Dies zu wis-

sen und nicht toll zu werden: kein hohes Ziel, kein Dennoch, keine Überwindung, keine Erziehung, kein Glaube, kein Talent. Nur dieses zu wissen und nicht toll zu werden, nicht laut zu rufen wie der tolle Mensch, zu schweigen, die Qual zu ertragen, dass er gekommen ist, m i c h zu verderben –


Du bist Gott im Weg, wenn er dir helfen will. Er kann dir nur helfen, solang du ihm im Weg bist. Solang du bist, bist du Gott im Weg.
Wenn er dir helfen will, muss er dich aus dem Weg räumen, damit du nicht mehr bist. Wenn du nicht mehr bist, kann er dir nicht mehr helfen.


Von allem, was du sagst, zählt nur das, was du mit dem Leben bezahlst. Wenn die Biene sticht, muss sie sterben.


Dass man vor dem Tod noch so leben kann –
Aber der Tod braucht keine Vorbereitung als – das Leben.
Deshalb m u s s man vor dem Tod noch so leben –

Ich habe mir einen Arzt erkoren

Ich habe mir einen Arzt erkoren, der mich von allen Leiden erlöst. Denn Leben ist Leiden.
Ich habe mir einen Arzt erkoren, der mich kennt, wie mich nur einer kennen kann: Er weiß meine Stunde.
Ich habe mir einen Arzt erkoren, der mich liebt. Lieben heißt: Vollendung geben.
Ein Arzt, der nur auf mich wartet, der nur für mich da ist, kein anderer Sinn in seinem Dasein als der, auf mich zu warten. Kein anderer Sinn in meinem Dasein als der, bei ihm zu sein.


Er gibt uns vielerlei Lasten, dem Starken die Stärke, dem Schwachen die Schwachheit, dem Jungen die Jugend, dem Greis das Alter. Er gibt uns Geduld und Gedächtnis, auf seine Ernte zu warten. Er gibt uns den Tod, damit wir das Sterben lernen. Er gibt uns die Rede, damit wir vor ihm schweigen.
Dass wir immer haben, was wir brauchen, auch wenn wir nichts haben: Das ist unser Glaube.


Ich liebe den Zufall. Der Zufall ist mein Schicksal. Alles, was mir zuteil ward, ward mir durch Zufall zuteil: dass ich bin.
Ich bin, weil ich den Zufall liebe.
Das Wissen, dass es Schicksal gibt. Das Zeugnis ablegen von dem Es-gibt-Schicksal.


Das Wesen der Dinge ist außen, Fassadenkletterer, und wer hinunterfällt, ist tot.

Gott kann dir nur helfen, indem er dich aus dem Weg räumt.

Nur was du selber an dir zerstörst, gibt neue Kraft. So musst du immer wieder an dir zerstören, was dich stört, und jeder Tempel, den du baust, muss auf dem Schutt zerstörter Werke stehen.
Du musst vieles erwerben, um vieles zerstören zu können. Das ist dein Reichtum: viel zerstört zu haben.
Es zählen nur die Leiden, die du dir selber zufügst.

Keinen Gedanken aussprechen, der dich nicht zuvor in seine eigene Tiefe hinab gezogen hat, also dass du durch ihn auf deinen eigenen Grund gekommen bist, denn dein Grund ist der Grund deiner Gedanken, und alle tiefen Gedanken gründen in dir.
Keinen Gedanken aussprechen, der nicht so in dir gründet, dass er keiner andern Begründung bedarf als die, von dir ausgesprochen zu werden.

Der Mond redete zu mir in der Nacht. weil er so einfach war: eine Sichel, meine Gedanken zu mähen. Und ich selbst mich in seiner Rundung sammelte, als müsste mit einem einzigen Schnitt alles gemäht sein. Ein Büschel Halme, schon von der Schärfe der Sichel berührt.

In dieser Stille hörst du die Blätter fallen. Dass du müde wirst: der Kreislauf in dir. Müdigkeit, Lastendes, zur Erde Fallendes, das bereitet dir den Boden, aus dem Neues wächst.

Schlafend wissen wir nichts vom Schlaf, alles Wissen vom Schlaf entspringt unserem Wach-Sein: so auch das Wissen vom Leben.


Ich hatte die Türe schon geschlossen, da kam noch einer mit großer Verspätung und wollte hinein. Im ersten Augenblick wurde ich zornig, denn ich dachte: Konntest du nicht kommen, als ich die andern herein ließ? – Aber dann besann ich mich, dass er tatsächlich nicht mit den andern hatte kommen können, denn er brachte nicht, was die andern, er brachte ein Eigenes mit.
Das Eigene, das er mitbrachte, war, dass er nicht mit den andern hatte kommen können. Es war ein Ärgernis, aber dieses Ärgernisses wegen hatte ich auf ihn gewartet und eigens für ihn die Türe geöffnet, und dieses Ärgernisses wegen wurde sein Name vor allen andern Namen bekannt.


Die Sterne sind noch bei dir, wenn du Angst hast in der Nacht.
Was kann geschehen? – Ein Stern, der fällt. Das Ganze unverändert. Dieselben Bilder, deine Spiegelschrift am Himmel.
In der Weltnacht ein Stern sein –


Alles Sein wird aus dem Schlaf geboren. Darum ist wichtig, dass du schläfst. Denn du bist auch, wenn du schläfst. Vielleicht nie seiender, weil daraus dein Sein geboren wird.
Das Sein: ein Erwachen. Das Sein: ein Geweckt-Werden. Das Sein: ein Erwachen-Können.

Du selbst gibst Sein, wenn du weckst, was für dich schläft. Du selbst empfängst Sein, wenn du dich wecken lässt von dem, was für dich wacht.
Wachen: Sein geben. Schlafen: Sein empfangen. Erwachen: vom Sein geweckt werden.


Am Abend beten alle Blumen. Nur du betest nicht. Weil du nicht Blume sein kannst. Die Blumen beten für dich.
In ihrem Gebet darfst du Blume sein und darfst vergessen, dass du Blume bist, weil nur derjenige Blume sein kann, der vergisst.
Am Abend beten alle Blumen für dich, damit du vergessen kannst, Blume zu sein.


Du musst alle Tage denselben Weg zurücklegen wie die Sonne, um jeden Morgen neu zu sein.
Die Sonne jeden Morgen neu.


Jeder Kampf gegen das Sterben ist ein Kampf gegen die richtige Zeit. Diese zu wissen, ist wahres Leben. Wahres Leben ist Zeitigkeit. Zeitigkeit ist Sterblichkeit.


Das Blitzen und Donnern am Himmel. Auch das verändert sich nicht. In seinem Blitze gespalten, in seinem Donner vereint. Darin eignet sich Schöpfung und Tod, Trennung und Zusammenprall, Aufstieg und Rückfall, und du gewinnst die Einsicht, ihm zu gehören und seiner Stimme hörig zu sein.

In den Gewittern ist dir Gott nahe mit seiner Macht, die spaltet und wieder vereint. Darum sind Gewitter so fruchtbar.


Aus dem Aufgeschriebenen erhältst du deine Weisungen zur Zeit, da du sie brauchst. Das ist der Sinn des Aufschreibens: die Weisung reifen, die rechte Zeit abwarten lassen. Das ist der Sinn jedes Werks: dass es in die Zeit hineinwächst, in der ein Mensch seiner bedarf. Jedes echte Werk ist ein Bedürfnis und als solches unzerstörbar, bevor ihm der Bedürftige gewachsen ist.
Auch du wächst als Bedürftiger in die Zeit, da du des Werks bedarfst und da das Werk sich dir als Weisung hingibt und sich in dir verbraucht.


Im Theater.
Man hatte auf mich gewartet: Die Garderobieren ungeduldig, die Programmverkäuferinnen an allen Türen, es eilte, jede hatte ihre Tür weit aufgemacht. Da hinein! riefen sie, aber wenn es eilt, kann man nicht alles berücksichtigen, irgendwo, nicht auf dem kürzesten Weg, es war nicht zu ergründen, weshalb gerade dort, schlüpfte ich hinein. Dann wurden die Türen geschlossen.
Drinnen der ganze Raum hell beleuchtet, der eiserne Vorhang schon emporgezogen, jeden Moment konnte das Spiel beginnen, nur die Zuschauer fehlten: ein einziger auf einem Platz mitten in den Reihen, unbeweglich nach der Bühne blickend. Ich schritt durch den Gang nach vorne, nicht fragend, warum das Theater leer sei, es war angenehmer, ein leeres Theater zu betreten als ein überfülltes. Einmal allen Platz für sich, kein Publikum, das im falschen Moment lacht, von al-

lem nichts begreift! Aber auch schlechtes Gewissen: wenn sie nur für dich spielen müssten, so viel Aufwand für dich allein!
Endlich die richtige Reihe gefunden, dieselbe Reihe, an der schon der andere Besucher saß. Ein Gefühl, dass das kein Zufall sein könne, eine Vorahnung unüberwindbarer Schwierigkeiten. Mich zwischen den Sesseln durchzwängend, nach der richtigen Nummer Ausschau haltend – sie war besetzt! Der einzige Besucher, der einzige außer mir, ausgerechnet auf meinem Platz! Ich schaute nach, ob ich mich nicht getäuscht hatte, aber es konnte nicht anders sein: diese, meine Nummer verdeckt, alle andern sichtbar.
Ich blieb stehen. Vor mir dieser sonderbare Mensch, nicht bemerkend, dass ich wartete, unablässig nach vorn blickend, als ob man ihn nicht stören dürfe, als ob das, was im Zuschauerraum vor sich ging, nicht wichtig sei, das Wichtige sich nur auf der Bühne abspielen könne, die zwar noch verhängt war, aber gerade durch ihr Verhängtsein alle Möglichkeiten zu einem wirklichen Geschehen in sich barg.
Nicht wagend, ihn um meinen Platz zu bitten, so viel leere Plätze vor und hinter und neben ihm – aber mich auch nicht entschließen könnend, einen Platz einzunehmen, der nicht mir gehörte, so wichtig erschien mir plötzlich dieser besetzte Platz vor mir: Also ergriff ich die Flucht.
Der Notausgang, der am nächsten war, das Personal schon mit Geschrei hinter mir her, ein Labyrinth von Korridoren, treppauf-treppab, endlich ein offenes Fenster, ein Sprung in die finstere Nacht, Landung auf hartem Pflaster, stolpernd und mich wieder auffangend und weiterrennend, ahnungslos in welcher Richtung, verfolgt von einem Heer von Garderobièren und Pro-

grammverkäuferinnen, ich spürte sie, ich hörte sie, ich wagte nicht zurückzuschauen.
Nach langer Hetzjagd, ganz außer Atem, einen Platz erreichend, mitten im nächtlichen Verkehr, hier stand ich still. Gefühl von Einsamkeit, alles hinter mir abgebrochen, das Theater eingeäschert, nur dieser eine Mensch an seinem Platz, dieser seltsame Mensch an m e i n e m Platz. Wer konnte es gewesen sein?
Mit der Besinnung kam die Gewissheit: Du bist es gewesen, du selbst, du hast dir deinen eigenen Platz versperrt.
Du selbst, dein fremdes Ich. –


Was ist denn eigentlich los?
Niemand weiß es zu sagen.
Ein Schiff, das ständig sinkt, obschon man überall die Löcher stopft, durch die ganz fein das Wasser eindringt, als ob das Material, mit welchem man die Löcher stopfen muss, das Schiff immer schwerer machen würde.


Eine Maschine, die so viel Lärm macht, dass die Menschen, die sie hören, irrsinnig werden. Den Mann suchen, der sie in Gang gesetzt hat, und ihn veranlassen, die Maschine abzustellen. Die Nachforschungen, die ergeben, dass derjenige, der sie in Gang gesetzt hat, selbst irrsinnig geworden ist, und deshalb nicht mehr sagen kann, wo er sie in Gang gesetzt hat, aus demselben Grund auch nicht, wie sie abzustellen sei. Es bleibt nichts anderes übrig, als die Maschine weiterhin laufen und lärmen und die Menschen, die das hören müssen, irrsinnig werden zu lassen.

Man muss sich vor keinem Menschen so viel in Acht nehmen wie vor dem eigenen, und vor keinem andern müsste man sich so viel schämen, wenn man nicht lachen könnte. Aber dieses Lachen ist voller Wehmut, denn es gibt keine größere Sünde als die, sich selbst zu sein.

Ich habe dir den Weg abgeschnitten, der zu mir geführt hat, dir, dem einzigen, der zu mir hätte kommen können.
Es kommt jetzt niemand mehr zu mir.

Ein Gedanke ist nur dann richtig, wenn du in ihm Vergangenheit und Zukunft zugleich bewältigst, wenn du in ihm Vergangenheit und Zukunft in der größten Helle des Augenblicks zusammenknüpfst.
Ein Gedanke ist nur einen Augenblick lang wahr.

Du musst ein Vulkan sein, die Stadt mit deinen Lavaströmen zuzudecken, denn nur so, indem du sie vernichtest, kann sie erhalten bleiben: in den zur Schlacke erstarrten Massen weiter bestehen als die, die sie gewesen ist.

Es gelingt dir nicht zu sagen, und was dir nicht zu sagen gelingt, ist nicht. An deinem Nicht-Gelingen schärft sich alles, was schneidet: das Wort.
Du blutest. Wie eine Quelle aus tiefem Boden, von keiner Trockenheit gestillt. Aber in dir ist alles trocken: Du blutest.
Wer das Messer erfand. Aber schon spitze Steine tun den Dienst. Und dass man am Anfang das Wichtigste

hatte: spitze Steine. Was du Errungenschaft nanntest, ist das Vergessen, dass man am Anfang das Wichtigste hatte.


Ein glühender Stein, der deine Lippen berührt, und du schreibst, was auf deinen Lippen brennt.
Auf deinen Lippen die Wüste.


Du sehnst dich nach Schicksal und merkst nicht, dass es dein Schicksal ist, dich zu sehnen.
Etwas muss sich ändern, heute noch, sagst du, und vergisst, dass sich seit zweitausend Jahren nichts geändert hat.
Jedes Sehnen nach Schicksal ist Sehnen nach Veränderung, damit sein kann, was immer schon war und immer sein wird.


Sich vornehmen, etwas erleben zu wollen, führt immer zur Sünde. Aber nicht deshalb, weil es sündhaft ist, sondern weil es unbescheiden ist, nehmen wir uns nichts mehr vor. Unser Leben ist ein beschränktes Leben. Wir erleben nichts mehr, wir leben nur noch, denn da wir begannen, uns im Erlebnis zu suchen, hatten wir das Leben verloren.
Es gibt nur eine Sünde: das Suchen. Dies aber war unsere größte Verderbnis: dass wir sogar noch die Sünde suchten.


In der Wüste schreiben wir nicht. In der Wüste malen wir nur ab und zu ein paar Buchstaben in den Sand: den deinigen und den meinigen, eng ineinandergelegt.

Buchstaben, die der Wind verweht. Denn auch uns wird der Wind verwehen.

So schön, ein Buchstabe zu sein, von deinem Stab in den lockeren Sand gezeichnet. Ich bin ja jedesmal anders, wenn du mich zeichnest. Ich bin ja nur ein Zeichen im Sand. Ein Zeichen, das dir in die Hand gelegt ist, damit du durch mich zeigen kannst, dass du bist.


So viel Anstrengung zu denken: Es ist nicht wichtig, dass du dabei bist.
Es wäre nur wichtig, dabei zu sein, wenn er dich riefe.
Aber er hat dich nicht gerufen. Dich nicht, sonst alle.
Und alle, die er gerufen hat, sind nicht dabei.

Eine Spur im Wüstensand

Eine Spur im Wüstensand – tagelang bin ich ihr gefolgt. Ich wusste nicht, wohin sie führen würde, von wem sie stammte, wie alt sie war.
Eine Spur im Wüstensand – eine Spur von einem Menschen. Dass schon einmal ein Mensch diesen Weg gegangen, alles andere war unsicher, aber das genügte, um sicher zu sein.
Eine Spur im Wüstensand – eine Spur auch von mir. Mehr bleibt nicht zurück. Aber wozu sollte mehr zurückbleiben, wenn das Sicherheit gäbe einem, dem das Leben – Wüstenwanderung ist?


Zu denken, dass das alles nicht hätte gewesen sein können. Aber es musste sein, damit es die Möglichkeit geben konnte, nicht gewesen zu sein. So befinden wir uns immer einen Schritt von der Wirklichkeit weg, und bei jedem Schritt, den wir tun, um ihr näher zu kommen, weicht sie zurück.


Leer lassen. Die Leere leer lassen. Die leere Leere leer lassen.
Die Täuschung, dass es nichts war. Dass es nichts war, war eine Täuschung. Es war nicht nichts, es war eine Täuschung.
Leer lassen. Die Leere leer lassen. Die leere Leere leer lassen.

In der Wüste jeder Weg alt, die ganze Wüste gespurt, aber die Spuren ständig verwischt. Das macht der Wind, der scharfe Wüstenwind.
Die Spuren im Wind anlegen, wissend, sie werden verweht, wissend, die Wüste ist von unsichtbaren Spuren geprägt.
Auch deine Spuren verwischt. Was bleibt, ist Prägung: unsichtbar, damit jeder Weg alt sei. Und jede unsichtbare Prägung macht die Wüste älter. Die Wüste, die alt sein will. Alt sein: geprägt.


Ich gebe meine Worte dem Wind mit. Sie müssen leicht sein und beflügelt. Meine Worte sind Samen. In der Wüste wachsen die Samen selten an.
Ich säe, weil ich weiß, dass niemand ernten kann.


Wenn du die Worte fändest, die dir helfen. Aber du findest sie nicht, es sei denn, sie würden d i c h finden.


Es ist in die Leere gesprochen, und wenn es aufgefangen wird, bist Du es. Dass es aufgefangen wird, schafft das Du. In dir bin ich vollkommen. Ohne dich bin ich nichts. Ohne dich kann ich nichts tun.
Das Gesprochene: ein Zeichen, das auf dich zeigt. Die Möglichkeit, dass du ein Du sein kannst.
Es ist in die Leere gesprochen. Ich weiß nicht wohin. Du trittst aus der Leere heraus. Ich weiß nicht woher. Der Leere vertrauend und dem Gesprochen-Sein, also bin ich in dir Du geworden.

Wenn gar nichts mehr bleibt, dass dann noch die Freude bleibt und das gute Essen und Trinken. Die Freude an dir.
Was klagt er von schlechten Zeiten? Nichts gutmachen mit Vergleichen. Dass wir in der schlechtesten aller Zeiten leben. Aber die Freude an dir.
Wenn es uns schlecht geht, geht es uns gut. Wir hassen die Ewigkeit: Jetzt soll es gelten. Wer weiß, was morgen ist? – Die Freude an dir.
Es ist gut, sich zu verstecken, und zu wissen, wo man sich verstecken muss, um gefunden zu werden.
Verstecke deine Hand vor mir! Wenn du glaubst, das Haus würde einstürzen. Aber es stürzt nicht ein. Solche Veränderungen sieht man nicht, es genügt, sie zu wissen. Dass wir sie wissen: unsere Freude an dir. So darf sie bleiben, wenn gar nichts mehr bleibt.


Da du nicht reden konntest, hast du mir alles gesagt. Alles: Das ist immer das eine, jedesmal neu. Man darf nicht zu viel wissen, sonst weiß man das eine nicht: dass du bist.
In dir stürzen alle Bäche ins Meer. Wer könnte so viel Wasser auffangen, der nicht grundlos wäre?
Du wirst in deine Zeit gerufen. Du wirst an deinen Ort gerufen. Dein Ort ist deine Zeit, und deine Zeit die Gewissheit, dass du bist.


Warum habe ich die Niederlagen so lieb, mehr als die Siege?
Weil ich dich liebe, mein Wüstenkind.
Mein Leben ist Niederlage vor dir – den Saum deines Kleides berührend.

In meiner Niederlage berühren sich unsere Grenzen: dass du stolz sein darfst.
Mein Reich an deinem Reich zu ruhen. Wir sind zwei Könige, du und ich, wir haben zwei Wüstenreiche, weit und menschenleer, und gemeinsame Brunnen.
Wir trinken das Wasser aus demselben Krug.


Ich musste dich immer schöner denken, als du warst. Wenn ich dich dachte, warst du schöner. Deshalb wolltest du von mir gedacht sein.
Aber warum du? Warum von mir?


In deinen Augen ein Widerschein Gottes, dessen, der dir gibt, zu scheinen, was du bist. Dessen, der dir den Schein gibt, dass ich dich sehe. Lieben ist Sehen-Können in Gott.
In deinen Augen ein Widerschein Gottes – das macht deine Augen so schön. Und dass ich in dir den Gott sehe, dessen Widerschein in deinen Augen aufleuchtet.
Jede Schönheit hat als Hintergrund – Gott.


Was mein Wüstenkind mir flüsterte: Die größte Tugend Gottes ist die Sanftmut.
Ich sah, dass auch du sanftmütig bist, mein Wüstenkind. Wüstenkinder sind sanftmütig: die Nähe zu Gott.
Gott lässt alles geschehen: keine Dämme gegen den wehenden Sand in der Wüste, keine Mauer dem rauschenden Meer. Das offene Land meiner Liebe: Bist du's, mein Wüstenkind?

Warum betest du noch? Gott gibt dir alles von selbst, und was er dir nicht von selbst gibt, das brauchst du nicht. Du brauchst auch Gott nicht, wenn er sich dir nicht von selbst gibt.
Warum betest du noch?
Ich bete für dich. Wenn du nicht bist, ist auch kein Gott. Ich bete, damit du seist. Wenn ich bete, bist du. Du gibst dich mir, damit ich für dich bete.


Du hattest mir meinen Becher gestohlen, und als ich schon nicht mehr daran dachte, brachtest du ihn wieder zurück.
Ich wollte, er wäre noch immer bei dir.


Alles Schöne in der Welt ist Gleichnis deiner Schönheit. Denn nur du bist schön. Du bist die Summe des von allen Sehenden erblickten: Berg, Baum, Blume, Himmel, aber von Worten befreit. Denn jedes Wort ist Gleichnis und erzeugt aus sich ein Wort, das nicht mehr Gleichnis ist. Ein Hauch des allgemeinen Lebensstromes. Du.


Menschen, an die man denken muss, man weiß nicht warum, und alles Fragen nach dem Warum ist nur eine Art, an sie zu denken.


Alles Seiende fügt sich durch Dankbarkeit in sein Sein. Alle Fragen: Warum ist es so und nicht anders? – münden in das Rätsel des Seins, dessen Lösung in der einfachen Erkenntnis liegt: Es hat sich so gefügt.

Auf diesem Wege stimmt die Natur jedes Wesen mit sich selbst überein und erfüllt es mit Dankbarkeit, so sein zu dürfen, wie es durch Fügung geworden ist.


Es ist nicht anders geworden. Es ist noch immer am Anfang.
Du glaubtest einen entscheidenden Schritt zu tun, aber als du dich umblicktest, sahst du denselben Horizont, und die Dünen setzten sich fort bis ins Unendliche, jede gleich wie die andere.
Denn in der Wüste gibt es keinen Fortschritt. Es gibt nur die stumme Bewegung. In dieser stummen Bewegung steigst du empor und sinkst und steigst wieder empor, von Berg zu Tal, von Tal zu Berg, von Berg zu Tal. Hier bist du immer am Anfang und immer am Ende: Anfang und Ende in dir.


Warum hat er uns in die Wüste geschickt?
Er bleibt stumm vor jeder Frage, weil seine Tätigkeit die Ruhe ist: versunken in den Anblick seiner Welt. Vor Gott müssen wir alle Fragen selbst beantworten, weil seine Antwort darin besteht, das, wonach wir fragen, getan zu haben.
Er hat schon alles getan, alle Fragen gelöst, die ganze Welt so geschaffen, dass sie vollkommen ist, für alle Zeiten, es mag geschehen, was geschehen will.
Wir leben in der besten aller Welten.


Wüstenwanderer: Sieh zu, dass du den Kreis vollendest. Wisse, dass du immer am Anfang sein wirst: nie so nah der Geburt wie im Tod. Anders kann der

Mensch nicht wandern, als im Kreis herum. Die Erde ist rund: Der gerade Weg führt nicht weiter.

Nirgends ist Ziel, überall ist Anfang, und dass du den Weg kennst, den du gehst, ist das Höchste: Heimat zu haben. In der Wüste ist es schwer, den Weg zu kennen. Du musst ein Tier sein: Tiere finden leichter die Heimat als du. Ein Wüstentier musst du sein: in deiner Heimat gefährlich, in der Fremde hilflos und scheu. Ein Tier, das im Kreis geht, wenn es sich verirrt: Auch Verirrung bringt an den Anfang zurück.

Alles Sehnen ist Sehnen nach Ursprung, Vollendung des Kreises, Anfang und Ziel.


Wüstenwanderung ist Angezogen-Sein von Gott, der vor uns hergeht als Wolke, sichtbar, aber nicht greifbar, und sichtbar nur als Gleichnis.

Gott entflieht uns. In seinem Sog stehen: hingerissen. Alles Leben endet bei einem Gott, den es im Leben nicht gibt. Mit dem Tod werden wir alles erreichen, mit dem Leben – nichts.

Ich habe dich mit leeren Händen entlassen, eine Wüste zu sehen, die im Sog Gottes alles entwand.

Gott will uns zerstören. So nimmt er sich unser an. Wir sind ihm wert, zerstört zu werden. Wert, bei ihm zu sein.

Durch unsere Zerstörung macht sich Gott reich. Dass Gott durch uns reich werde, unser Gebet: die Wüstenwanderung.

# Nachwort

Die Texte der „Wüstenwanderung" entstanden in den Jahren 1957-61. Ich hätte sie schon damals gerne veröffentlicht, fand aber keinen Verleger. Darauf ruhten sie fast fünf Jahrzehnte in meiner Schublade. Dank der kostengünstigen Drucktechnik von „Books on Demand" konnte ich sie vor einigen Jahren im Buch „Frühe Gedichte und Prosatexte" erstmals veröffentlichen. Die jetzige Ausgabe ist eine Überarbeitung dieser ersten Fassung. Am ursprünglichen Text habe ich nichts geändert, aber ich habe ihn gekürzt und besser gegliedert, so dass er, wie ich hoffe, lesbarer geworden ist.

Die Entstehung dieser Texte geht auf meine Zweifel an der Existenz Gottes zurück. Ich war noch nicht ganz sechzehn Jahre alt, als diese Zweifel in mir aufstiegen und sich allmählich verfestigten. Ihr Ursprung reicht weit in meine Kindheit zurück. Meine Mutter erzählte uns regelmäßig die Märchen der Gebrüder Grimm. Für den kleinen Knaben waren die Märchengestalten reale Figuren der Welt. Dasselbe galt auch vom Osterhasen oder vom Christkind. Mit dem Älterwerden merkte ich: Es waren nur Erfindungen, mit denen die Erwachsenen die Kinder zum Narren hielten. Ich kam mir betrogen vor und beschloss, nur noch an das zu glauben, was ich selber sehen, hören und mit den Händen berühren konnte. Den Lieben Gott konnte ich auch nicht mit meinen Händen berühren. Deshalb warf ich ihn in denselben Topf wie den Osterhasen und das Christkind. Der Betrug schien mir in diesem Fall noch gravierender zu sein, galt doch der Liebe Gott als Zuchtmeister der ganzen Menschheit und als höchste sittliche Instanz. Er verlangte Dinge von mir, die ich nicht zu leisten bereit war. Von seiner strengen Moral fühlte ich mich überfordert, weshalb mir seine Entlarvung und Absetzung sehr zustatten kam.

Die Entdeckung, dass Gott bloß eine Erfindung des Menschen sei, erfüllte mich mit Stolz. Sie verschaffte mir ein Gefühl der Überlegenheit gegenüber all jenen, die, wie ich glaubte, sich noch im Zustand der Unwissenheit befanden. Aber sie machte mich auch einsam. Meine Eltern waren gläubige Christen, der Atheismus hatte in unserer Familie keine Tradition. Ich fand auch in meiner näheren Umgebung niemanden, der so gedacht hätte wie ich.

Unterdessen hatte ich die obligatorische Schulzeit beendet und war ins Lehrerseminar eingetreten. Als ich eines Abends durch die Straßen Berns flanierte, entdeckte ich in einem Antiquariat ein Buch: Friederich Nietzsche, „Die fröhliche Wissenschaft". Von diesem Autor hatte ich gehört, er sei im Alter geisteskrank geworden, und seine Bücher seien unmoralisch und zersetzend. Für mich war das gerade die richtige Empfehlung. Ich trat in den Laden, kaufte das Buch und begann zu lesen. Vom ersten Moment an war ich fasziniert. Endlich hatte ich einen Gesinnungsgenossen gefunden, keinen geringeren als den berühmten Philosophen Friedrich Nietzsche. „Gott ist tot. Wir haben ihn getötet". Auch ich hatte ihn getötet.

Nach der „Fröhlichen Wissenschaft" las ich den „Zarathustra" und andere Bücher von Nietzsche, die mir gerade in die Hände fielen. Aber ich suchte auch nach anderen Autoren, die meine Zweifel an der Existenz Gottes bestärkten. So gelangte ich zu Kafka, Dostojewskij, Thomas Mann, später auch zu Martin Heidegger. Ich las mich quer durch die ganze Weltliteratur, die damals, kurz nach dem Kriege, noch übersichtlicher war als heute. Allmählich formte sich in mir der

Wunsch, im Kreis dieser auserwählten Autoren mitzureden. So wurde aus dem Leser ein Schriftsteller.

Als ich das Lehrerseminars absolviert und im oberen Emmental eine Stelle gefunden hatte, begann ich meinen ersten Roman zu schreiben. Ich unterrichtete in einer abgelegenen, ländlichen Umgebung, wo ich meinen Schülern kaum etwas anderes beibringen musste als Lesen und Schreiben, so dass mir viel Zeit für meine literarische Tätigkeit übrig blieb. Das Schreiben betrachtete ich nicht als Hobby, sondern als meine eigentliche Berufung.

Nachdem ich mein Manuskript beendet hatte, schickte ich es an einen internationalen Roman-Wettbewerb. Die Antwort, die ich nach Monaten des bangen Wartens erhielt, wirkte wie eine kalte Dusche. „Leider müssen wir Ihnen mitteilen, dass" etc.. Der Roman gefiel mir auch selber nicht mehr, und ich konnte den Entscheid der Jury verstehen. Ich ließ mich jedoch nicht entmutigen und schrieb unentwegt weiter. Aber es wollte mir nichts gelingen, was meinem strengen Urteil Stand gehalten hätte. Ich konnte den Erwartungen, die ich in mich gesetzt hatte, nicht gerecht werden und blieb weit hinter dem Niveau meiner literarischen Vorbilder zurück. Jahrelang produzierte ich auf diese Weise Gedichte und Romanfragmente, die alle im Papierkorb gelandet sind. Endlich gelangen mir ein paar Texte, die mir gefielen. Ich sammelte sie unter dem Titel „Die Wüstenwanderung" und bewahrte sie auf.

Rückblickend fällt mir auf, dass diese Texte in einem eigentümlichen Widerspruch zum äußeren Leben des jungen Autors stehen. Sie wurden nicht in der Wüste geschrieben, sondern auf den saftigen Wiesen des oberen Emmentals. In seiner bürgerlichen Existenz war der Autor keineswegs gescheitert: Er war Lehrer, Ehemann und glücklicher Vater von fünf Kindern. Seine

Gotteszweifel versteckte er vor den anderen Leuten und ließ sich sogar zum Organisten wählen, nicht weil er gläubig geworden wäre, sondern aus Liebe zur Musik von Johann Sebastian Bach.

Als Organist war er gezwungen, jeden Sonntag eine Predigt anzuhören. Für den Atheisten eine Zumutung. Aber es hatte auch eine erfreuliche Seite. Es bewirkte, dass ich mich intensiver mit den Texten des Alten Testaments auseinanderzusetzen und sie neu zu verstehen begann. Ich betrachtete die Wüstenwanderung nicht als historisches Ereignis, sondern als Metapher für das eigene Scheitern als Schriftsteller. Dadurch konnte ich auch dem Gottesbegriff eine neue Dimension abgewinnen. Gott war nicht mehr die mich quälende moralische Instanz, sondern die Quelle meiner eigenen Inspiration.

Außer der Bibel stand mir bei der Niederschrift meiner Texte auch Nietzsches Wort: „Die Wüste wächst, weh dem, der Wüsten birgt" vor Augen. Und als drittes Element fügte sich mir die Hoffnung hinzu, dass am Ende jeder Erfolglosigkeit das „gelobte Land" stehen möge.

Paris, im März 2013

Ebenfalls bei Books on Demand GmbH, Norderstedt, sind erschienen:

Mühlethaler, Hans:
Der leere Sockel, Roman, 2000/2009
ISBN 978-3-8311-0398-0, PB. 236 S., € 14.83

Mühlethaler, Hans:
Das Bewusstsein – Ursache und Überwindung der Todesangst, Essay, 2006
ISBN 3-8334-4914-4, PB, 188 S., € 13.20

Mühlethaler, Hans:
An der Grenze, Theaterstück, 2007
ISBN 978-3-8334-6570-3, PB, 72 S., € 4.70

Mühlethaler, Hans
Sternzeichen Krebs, Gedichte, 2009
ISBN 978-3-8370-8853-3, PB, 89 S., € 8.80

Mühlethaler, Hans
Evolution und Sterblichkeit, 2010
ISBN 978-3-8391-3355-2, PB, 212 S., € 15.70

Mühlethaler Hans
Pariser Innenhof, Gedichte, 2011
ISBN 978-3-8391-3609-6

Mühlethaler Hans
Abschied von Burgund, Roman, 2013
ISBN 978-3-7322-3264-2